RÉPUBLIQUE FRANÇAISE

MINISTÈRE DE LA GUERRE

CAHIER DES CHARGES COMMUNES

DU 10 SEPTEMBRE 1909

relatif à la fourniture, aux divers services du Département de la guerre, des aciers ordinaires, des aciers à outils et des aciers moulés.

(Mis à jour avec les feuilles rectificatives n° 1 du 19 novembre 1913 et n° 2 du 24 juin 1924.)

CHARLES-LAVAUZELLE & CIE

Éditeurs militaires

PARIS, Boulevard Saint-Germain, 124

LIMOGES, 62, Avenue Baudin | 53, Rue Stanislas, NANCY

MINISTÈRE DE LA GUERRE

Directions de l'Artillerie, de l'Infanterie, de la Cavalerie, du Génie, de l'Intendance militaire, des Poudres et Salpêtres, du Service de Santé et des Troupes coloniales; Bureau du Matériel. — N° 75.

Cahier des charges communes relatif à la fourniture aux divers services du Département de la guerre, des aciers ordinaires, des aciers à outils et des aciers moulés. (Mis à jour avec les feuilles rectificatives n° 1 du 19 novembre 1913 et n° 2 du 24 juin 1924.)

Paris, le 10 septembre 1909.

Article 1er.

Objet du présent cahier des charges communes.

Le présent cahier des charges communes a pour objet de définir les conditions techniques imposées pour les fournitures, aux divers services du Département de la guerre, des aciers forgés ordinaires (martelés ou laminés), des aciers à outils et des aciers moulés.

Il est divisé en trois titres correspondant à chacune de ces trois catégories.

Il comprend, en outre, une note annexe définissant les mesures à prendre éventuellement pour effectuer le tarage des machines de traction employées aux essais.

Les conditions de réception spécifiées dans le présent cahier des charges communes ne sont pas intégralement applicables à certains aciers destinés à des fabrications spéciales, tels que les aciers pour éléments de canons, pour corps et éléments d'obus, pour éléments d'armes portatives, pour culots, pour blindages.

Les fournitures de ces aciers spéciaux sont régies par des cahiers des charges particuliers qui peuvent d'ailleurs se référer sur certains points aux conditions imposées par le présent cahier.

TITRE Ier.

Aciers forgés ordinaires. — Aciers en barres. — Pièces en acier. — Tôles d'acier. — Aciers profilés. — Feuillards en acier.

Article 2.

Conditions de fabrication.

Les lingots destinés à être transformés en barres, tôles, essieux, etc., doivent provenir de fours genre Martin-Siemens, de fours à creusets ou de fours électriques.

Pour les aciers destinés à la fabrication des profilés, feuillards, rivets, boulons et écrous, ferrures, on pourra admettre les aciers provenant du four Talbot, du convertisseur acide ou du convertisseur basique (métal Thomas), chaque fois que le cahier des charges spéciales ne comportera pas d'indications contraires.

Lorsque les cahiers des charges spéciales le spécifient, on pratiquera sur chaque lingot des chutes qui pourront atteindre 32 p. 100 du poids total du lingot, dont 4 p. 100 au moins au pied.

En ce qui concerne les aciers en barres, les profilés et les tôles d'un usage général, on se bornera à faire des chutes suffisantes pour faire disparaître tous les défauts; ces chutes seront pratiquées en présence des agents réceptionnaires :

Soit sur les lingots;

Soit sur les produits finis;

Soit sur les produits à un état intermédiaire, suivant la convenance des industriels.

Avant d'être mis en œuvre, les lingots seront burinés avec soin pour faire disparaître les criques et les défauts de surface qui pourraient occasionner des amorces de rupture dans les produits laminés ou forgés.

Le coefficient de corroyage sera au moins égal à 3, si la section de la barre ou de la pièce à livrer est égale ou supérieure à 50 décimètres carrés, et au moins égal à 4, si cette section est moindre. On entend, par coefficient de corroyage, le rapport de la section moyenne de la partie utilisée du lingot brut de coulée mesurée perpendiculairement au grand axe du lingot à ce qu'est devenue cette section dans les barres ou pièces finies de forge.

Tous les essais mécaniques, chimiques ou autres faits par l'usine au cours de la fabrication devront être communiqués, à titre de renseignements, aux agents réceptionnaires, qui auront libre accès dans les ateliers où se font ces essais, sans intervenir en rien dans leur exécution.

Toutefois, dans le cas de commandes de faible importance, pour lesquelles il n'est pas fait de coulée spéciale et dont les produits sont tirés de lingots en magasin, la communication des essais mécaniques, chimiques, etc., faits par l'usine sur ces lingots ne sera pas exigée.

On s'assurera qu'au laminage les arêtes des aciers en barres et des profilés ne criquent pas et restent aussi nettes que possible. Le contraire indiquerait des aciers ne se travaillant pas bien à chaud, ou provenant de minerais impurs ou mal épurés.

Les pièces en acier et les tôles d'acier sont présentées à la réception après avoir été soumises à un recuit. Les agents réceptionnaires pourront toutefois, lorsqu'ils le jugeront convenable, autoriser les usines à ne pas faire recuire les tôles dont l'épaisseur dépasse 10^{mm} et les produits bruts ayant encore des opérations de forge à subir.

Les tôles pour chaudières seront toujours recuites, quelle que soit leur épaisseur.

Article 3.

Nature des épreuves.

Les aciers en barres, les pièces en acier, les tôles d'acier, les aciers profilés, etc., présentés à la réception, sont soumis à des épreuves à la traction (avant et après trempe des barreaux d'essai) et, dans certains cas, à des épreuves au choc et de pliage.

Les barreaux d'essai sont pris dans les pièces choisies par les agents du contrôle et, autant que possible, dans les chutes provenant de ces pièces, toutes les fois que ces chutes seront suffisamment saines.

Parmi les éprouvettes de traction prélevées dans les conditions fixées au paragraphe 4 de l'article 5 ci-après, il en sera pris au moins une, soit dans la partie des barres ou pièces voisines de la chute faite à la partie supérieure du lingot, soit à la partie inférieure de cette chute.

Épreuves spéciales aux aciers destinés à certains emplois.

Les aciers en barres destinés à la fabrication des boulons et rivets sont soumis à des épreuves d'écrasement à chaud.

Les aciers demandés soudables sont soumis à des essais de choc sur barreaux soudés.

Enfin, lorsque les cahiers des charges spéciales le spécifient, et en particulier lorsqu'il s'agit d'aciers qui devront recevoir dans les établissements destinataires un complément de façon susceptible de modifier les qualités du métal, les aciers à livrer seront soumis à des épreuves de fabrication faites dans les établissements destinataires sur des échantillons prélevés par les agents réceptionnaires dans les magasins du fournisseur dans une proportion déterminée par le cahier des charges spéciales.

Article 4.

Classification des aciers.

Les aciers forgés ordinaires d'un usage courant sont partagés en six classes définies chacune par les caractéristiques indiquées à l'article 9 ci-après et dénommées comme il suit :

1ʳᵉ classe : Aciers extra-doux.............. { ordinaires, pour chaudières.
2ᵉ classe : Aciers doux.
3ᵉ classe : Aciers demi-doux.
4ᵉ classe : Aciers demi-durs.
5ᵉ classe : Aciers durs.
6ᵉ classe : Aciers extra-durs.

Les barres, pièces, ferrures et tôles en acier sont fabriquées en principe avec des aciers rentrant dans l'une des classes ci-dessus.

Les profilés et feuillards en acier employés par l'artillerie ne correspondent qu'aux quatre premières classes.

Les cahiers des charges spéciales peuvent indiquer que les aciers à livrer rempliront, sur un certain nombre de points, les conditions imposées pour l'une des classes d'acier ainsi dé-finies, tout en spécifiant des conditions plus ou moins différen-tes sur d'autres points, tels que mode de prélèvement des éprou-vettes. limite de résistance à la rupture. température de trem-pe, etc.....

Quand il en sera ainsi, on dénommera les aciers à livrer : acier spécial genre extra-doux, doux, demi-doux, demi-dur, dur ou extra-dur, mais sans aucune indication de classe.

La classification adoptée n'a, en effet, de valeur que si les conditions qui définissent chacune des classes sont intégrale-ment remplies.

Article 5.

Exécution des épreuves de traction.

---

§ 1. — *Forme et préparation des éprouvettes.*

1° ACIERS EN BARRES ET PIÈCES EN ACIER.

Les barreaux d'épreuve seront cylindriques; ils auront, sui-vant le cas, un diamètre de $13^{mm},8$ et une longueur de 100^{mm} entre repères, ou un diamètre de $9^{mm},8$ et une longueur de 70^{mm} entre repères.

Les repères seront à une distance des congés des têtes au moins égale au diamètre.

Les barreaux seront détachés à froid, à la machine-outil, sans forgeage préalable et correspondront au centre de la sec-tion de la barre ou de la pièce.

Pour les barres de moins de 10^{mm} d'épaisseur ou de diamètre, les barreaux d'épreuve seront pris, avant le dernier laminage, dans des barres de dimensions suffisantes pour permettre d'en détacher à froid, soit des barreaux de $13^{mm},8$, soit des bar-reaux de $9^{mm},8$.

S'il s'agit de barres ou de pièces dont la section (surface du carré inscrit) est supérieure à 700^{mm} carrés, et s'il n'est pas fixé des conditions spéciales pour le mode de prélèvement des barreaux de traction, la barre sera étirée du côté de la chute supérieure du lingot et ramenée à une dimension qui permette de prélever à froid un barreau de 13^{mm},8 (1).

Les barreaux d'épreuve seront, pour les essais avant trempe, soumis à un recuit au rouge-cerise (900° environ), suivi d'un refroidissement lent à l'air libre.

Pour les aciers des 3ᵉ, 4ᵉ, 5ᵉ et 6ᵉ classes, on laissera, après recuit, refroidir les barreaux dans la cendre pour éviter la trempe à l'air.

Pour les barreaux qui doivent être essayés après trempe, la trempe sera faite dans de l'eau à 28 degrés à une température variant entre 850 et 900 degrés et recuits après trempe (revenus) entre 500 et 600 degrés. le tout suivant le degré de dureté de l'acier. Les barreaux revenus seront refroidis comme il a été prescrit pour les barreaux non trempés. L'appréciation des diverses températures est laissée à la responsabilité de l'industriel; mais celui-ci est tenu de mettre les agents du contrôle à même de noter les conditions dans lesquelles elles ont été mesu-

---

(1) Lorsqu'il s'agit de barres de grande section ne devant subir qu'un faible corroyage, ou de pièces spéciales pour lesquelles on pourrait craindre que les barreaux prélevés de cette manière fournissent des renseignements insuffisants, les établissements pourront stipuler un mode de prélèvement spécial des barreaux de traction et fixer les caractéristiques (E, R, A) à exiger pour les barreaux prélevés de la manière qu'ils auront indiquée; mais il conviendra alors de ne pas désigner les barres ou pièces par la classe de l'acier, car cette désignation n'aurait plus aucune signification.

Entre autres modes de prélèvement à employer, les deux suivants sont particulièrement recommandés :

Le premier consiste à couper en quatre à la machine-outil, dans le sens de la longueur, les barres de grande section et à prélever à froid le barreau au centre de l'un des morceaux ainsi obtenus.

Ce procédé donne des renseignements assez exacts sur les qualités des barres destinées à être employées sans forgeage ultérieur; il a l'inconvénient d'être assez coûteux.

Le deuxième consiste à couler, en même temps que les lingots d'où seront tirées les barres ou pièces, un petit lingot de 0^{m},10 environ d'équarrissage; on fait subir à ce petit lingot un corroyage sensiblement égal à celui qu'auront à subir les barres ou pièces composant la fourniture, et les barreaux de traction sont découpés à froid dans les barres ainsi obtenues.

Lorsqu'ils spécifieront ce mode de prélèvement, les établissements devront indiquer le corroyage à faire subir au petit lingot.

rées; il devra également leur indiquer les températures des points critiques quand elles auront pu être déterminées, ainsi que les procédés employés pour les mesurer. Ces divers renseignements seront mentionnés sur les bulletins d'épreuves.

2° TÔLES D'ACIER ET PROFILÉS.

Lorsque les tôles et profilés auront plus de 15^{mm} d'épaisseur, on procédera comme pour les aciers en barres, en prenant les barreaux dans le sens convenable, ainsi qu'il est indiqué ci-après :

Pour les tôles et profilés d'une épaisseur comprise entre 3^{mm} et 15^{mm}, les barrettes seront façonnées de manière à avoir pour section un rectangle dont l'un des côtés aura l'épaisseur de la tôle ou du profilé et l'autre aura :

30^{mm} pour les épaisseurs jusqu'à 10^{mm} inclus,
25^{mm} pour les épaisseurs de plus de 10^{mm} jusqu'à 15^{mm} inclus

(Pour les épaisseurs supérieures à 15^{mm}, les barreaux d'épreuve sont identiques à ceux des aciers en barres.)

Toutes les éprouvettes auront une longueur uniforme de 200^{mm} à la partie calibrée, et l'écartement des repères pour le relevé de l'allongement est déterminé, quelles que soient l'épaisseur et la largeur, par la formule :

$$L = \sqrt{66,67\,S}\ (1).$$

(1) Les longueurs entre repères pour les tôles et profilés de 15^{mm} et au-dessous d'épaisseur sont indiquées pour les épaisseurs croissant de demi-millimètre en demi-millimètre dans le tableau ci-après :

ÉPAISSEUR (millimètres),	LONGUEUR ENTRE REPÈRES (millimètres),	ÉPAISSEUR (millimètres).	LONGUEUR ENTRE REPÈRES (millimètres).
3,0	77	9,0	134
3,5	83	9,5	138
4,0	89	10,0	141
4,5	95	10,5	132
5,0	100	11,0	135
5,5	105	11,5	138
6,0	109	12,0	141
6,5	114	12,5	144
7,0	118	13,0	147
7,5	122	13,5	150
8,0	126	14,0	153
8,5	130	14,5	156
		15,0	158

La distance entre chaque repère et l'origine de la courbure de la tête correspondante sera au moins égale à la largeur de la barrette.

Pour les tôles dont la largeur sera égale ou supérieure à 300^{mm}, les barrettes d'épreuve sont prises dans le sens perpendiculaire au laminage, et pour les tôles de moins de 300^{mm} de largeur, ainsi que pour les profilés, dans le sens du laminage.

Pour les tôles et profilés de moins de 3^{mm} d'épaisseur, les essais seront pris avant le dernier laminage dans des tôles ou des profilés de 3^{mm} à 15^{mm} d'épaisseur.

Les barrettes provenant de tôles ou profilés de 3 à 15^{mm} d'épaisseur seront obtenues par un travail à froid; celles qui sont essayées avant trempe ne sont soumises à aucun recuit; cependant, les barrettes obtenues par cisaillage qui présenteront dans leur plus forte ondulation une flèche supérieure à 2 p. 100 de la corde pourront être redressées à chaud à basse température (700° environ). Les barrettes qui sont essayées après trempe sont trempées et recuites dans les mêmes conditions que les barreaux d'épreuve des aciers en barres.

§ 2. — *Appareils à employer pour les essais.*

Les essais à la traction effectués par le contrôle seront exécutés sur les machines existant dans les usines.

Pour s'assurer que ces machines sont convenablement réglées, on les tarera par comparaison avec la machine de traction de la section technique de l'artillerie, chaque fois que cela sera jugé nécessaire ou que les industriels le demanderont.

On effectuera le tarage en contrôlant les indications de l'appareil de mesure pour un certain nombre de charges échelonnées entre les limites dans lesquelles la machine est généralement utilisée. On obtiendra cet échelonnement en faisant varier, d'une charge à l'autre, la section transversale des éprouvettes ou la nuance de l'acier employé à leur confection.

On contrôlera les indications de la machine en procédant, pour chacune de ces charges, comme il est spécifié à l'annexe du présent cahier des charges.

En dehors des tarages dont il vient d'être question, les résultats fournis par les machines de traction des usines pourront être vérifiés inopinément par les agents réceptionnaires, lorsqu'ils le jugeront utile, au moyen des barreaux de tarage qui sont constamment à leur disposition. On emploiera au moins deux barreaux pour chacune de ces vérifications.

§ 3. — *Caractéristiques à déterminer*.

On mesurera, dans les essais à la traction, la résistance à la rupture par millimètre carré de la section primitive et l'allongement pour cent.

On mesurera, chaque fois que cela sera possible, la limite d'élasticité apparente.

La striction $\dfrac{S - s}{S}$, qui donne des renseignements utiles sur la qualité de l'acier, sera mesurée à titre de renseignement.

La nature de la cassure sera indiquée d'après la classification en usage dans l'artillerie.

§ 4. — *Nombre des éprouvettes à essayer*.

Les aciers présentés à la réception seront divisés en lots provenant d'une même coulée, sans que chaque lot puisse comporter un poids supérieur à 10 tonnes, ni, en principe, à plus de 20 tôles ou 50 barres ou profilés.

Dans le cas de la fabrication au creuset, on considère comme provenant d'une même coulée le métal produit sans interruption par le même atelier dans les mêmes conditions de chargement, ayant subi les mêmes opérations de forgeage ou de laminage et le même traitement métallurgique.

Dans chaque lot ainsi formé, on prélève cinq éprouvettes; toutefois, on ne prend jamais plus d'une éprouvette par 200 kilogrammes de métal.

Pour les ferrures, les essais ne doivent pas porter, autant que possible, sur un nombre de ferrures supérieur à 3 p. 100 du nombre composant le lot. On prend, au besoin, plusieurs éprouvettes dans la même ferrure, lorsque cela est possible, de manière à obtenir le nombre d'éprouvettes indiqué ci-dessus.

On essaye à la traction, avant trempe, la moitié ou la moitié plus une des éprouvettes prélevées suivant que le nombre est pair ou impair; les autres éprouvettes sont essayées après trempe.

§ 5. — *Interprétation des résultats des essais*.

1° BARRETTES NON TREMPÉES.

Les chiffres fixés pour la résistance à la rupture par millimètre carré de la section primitive et pour l'allongement sont indiqués à l'article 9 ci-après pour les aciers en barres, tôles d'acier et aciers profilés de chaque classe.

Les chiffres indiqués pour les diverses classes d'aciers en barres sont applicables aux pièces et ferrures fabriquées avec les aciers des classes correspondantes.

Pour chaque barrette essayée, la résistance à la rupture devra être comprise dans les limites imposées. En outre, la moyenne des allongements mesurés sur les barrettes d'épreuve du lot devra être au moins égale à la quantité fixée, sans que, pour chaque épreuve individuelle, l'allongement obtenu descende au-dessous de la limite indiquée.

Si toutes les barrettes remplissent les conditions ci-dessus, le lot correspondant est reçu.

Si toutes les barrettes essayées satisfont aux épreuves individuelles sans que la moyenne des allongements atteigne l'allongement moyen imposé, le lot est rebuté.

Si une barrette saine donne un essai mauvais, on rebutera la pièce d'où elle provient et on fera, sur deux pièces nouvelles, deux contre-essais qui devront donner des résultats satisfaisants, sinon le lot sera rebuté. Si les deux contre-essais réussissent, le résultat de l'essai mauvais est considéré comme nul, et on fait concourir les deux contre-essais avec les essais des autres barrettes du lot pour l'établissement de la moyenne des allongements.

Le nombre des barrettes saines pouvant donner de mauvais résultats ne devra pas être supérieur au tiers du nombre des barrettes essayées, sinon le lot sera rebuté.

Dans le cas d'un essai mauvais dû à un défaut local, l'essai sera annulé et la pièce d'où provient la barrette sera rebutée. Il sera fait sur deux pièces nouvelles, ou sur la même pièce si le fournisseur le demande, deux contre-essais qui devront donner des résultats satisfaisants, sinon le lot sera rebuté. Si les deux contre-essais réussissent, on les fera concourir, avec les essais des autres barrettes, pour l'établissement de la moyenne des allongements, sans tenir compte toutefois de celle qui a présenté un défaut.

Dans le cas d'acceptation du lot, la pièce primitivement rebutée pourra être acceptée si les deux contre-essais ont été pris dans cette pièce ou dans les chutes en provenant.

Le nombre des essais mauvais dus à des défauts locaux ne devra pas être supérieur au tiers du nombre des barrettes essayées, sinon le lot sera rebuté.

2° BARRETTES TREMPÉES.

Les chiffres fixés pour la résistance à la rupture après trempe et pour l'allongement sont indiqués dans le tableau de l'article 9 (pages 18 et 19) ci-après pour chaque classe.

L'interprétation des essais se fera comme pour les essais avant trempe.

Article 6.

Exécution des épreuves ae choc.

§ 1er. — *Forme et préparation des éprouvettes.*

Les barreaux d'épreuve au choc auront $0^m,200$ de longueur et une section carrée de $0^m,030$ de côté. Ils seront tirés d'un petit lingot spécial obtenu au moment de la coulée et forgé, ou bien prélevés, soit en cours de fabrication, soit sur les produits finis, soit sur les chutes en provenant si les dimensions le permettent.

Si la commande est inférieure à 1.000 kilogrammes, il n'est pas fait d'essais au choc.

Les essais seront exécutés sur des barreaux trempés et recuits pour les aciers des quatre premières classes et sur des barreaux non trempés, mais recuits, pour les aciers de la cinquième classe.

Il n'est pas fait d'essais au choc sur les aciers de la sixième classe.

La trempe et le recuit seront faits dans les mêmes conditions que les opérations correspondantes des barreaux d'essai à la traction des aciers en barres.

Pour les fournitures d'acier soudable, il sera fait des essais de choc sur des barreaux soudés, trempés et recuits. La trempe sera faite dans de l'eau à 28 degrés entre le rouge-cerise et le jaune oxydant (vers 950°) et le recuit fait à la même température.

§ 2. — *Appareils à employer pour les essais.*

La hauteur de chute du mouton pour les essais au choc sera de $2^m,75$.

Le poids du mouton pour les essais au choc sera de 18 kilogrammes.

Le poids de l'enclume pour les essais au choc sera de 350 kilogrammes.

La distance des couteaux pour les essais au choc sera de 0^m,160.

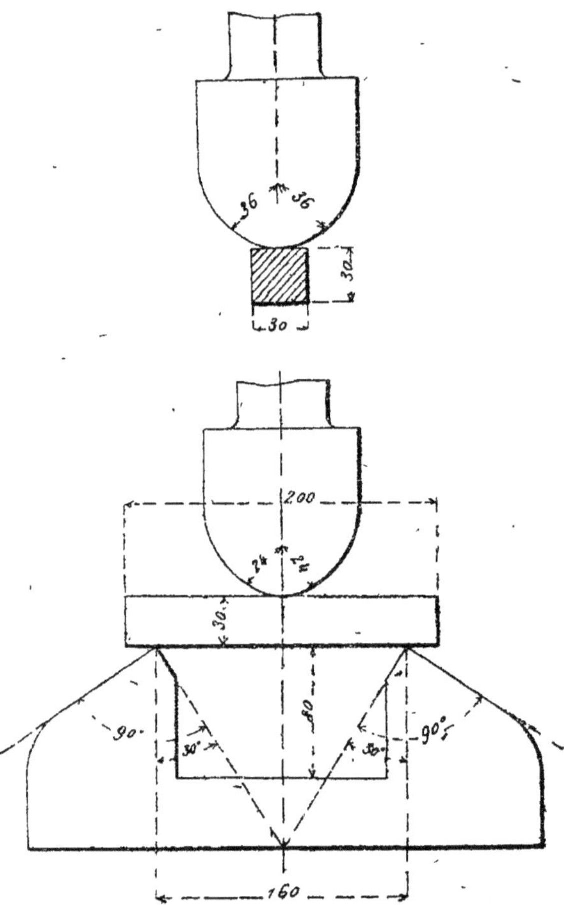

La saillie des couteaux pour les essais au choc sera de 0^m,080.

Les arêtes des couteaux seront formées de deux faces planes faisant entre elles un angle de 90 degrés au plus et raccordées par un arc de cercle de 0^m,002 de rayon, les faces disposées vers l'intérieur de l'appareil faisant avec la verticale un angle compris entre 15 et 30 degrés, conformément au croquis ci-dessus.

Le mouton sera en acier trempé; sa surface de frappe sera conforme au croquis ci-dessus.

§ 3. -- *Caractéristiques à déterminer.*

On mesurera, après le quinzième coup de mouton et à titre de renseignement, la flèche de la partie du barreau comprise entre les couteaux et l'angle de pliage. On continuera l'épreuve jusqu'à ce que le barreau ait pris la plus grande flèche permise par la disposition de l'enclume, et on notera le nombre de coups nécessaires poùr atteindre cette flèche, ou pour obtenir la rupture, si elle se produit sous une flèche inférieure.

Pour l'essai des barreaux soudés, les barreaux seront disposés sur les couteaux, la soudure à plat.

La flèche sera mesurée dans les mêmes conditions que pour les barreaux non soudés, mais après le dixième coup pour les barreaux d'acier extra-doux et après le huitième coup pour les barreaux d'acier doux.

§ 4. — *Nombre et interprétation des essais.*

Il est fait un essai par lot constitué comme il a été dit pour les épreuves de traction. Le nombre pourra être réduit dans les conditions indiquées à l'article précédent pour les essais de traction et il pourra alors n'être fait qu'un essai par coulée.

Le barreau doit supporter sans se rompre quinze coups de mouton; ce nombre est réduit à dix pour le barreau soudé d'acier extra-doux soudable et à huit pour le barreau soudé d'acier doux soudable.

Si le barreau essayé donne de bons résultats, le lot est accepté.

S'il ne remplit pas les conditions imposées, il est fait, sur deux barreaux, des contre-essais qui devront donner tous deux des résultats satisfaisants, sinon le lot sera rebuté.

Article 7.

Exécution des épreuves de pliage.

§ 1. --- *Forme et préparation des éprouvettes.*

Pour les tôles et les profilés, les barrettes d'essai auront l'épaisseur de la tôle ou du profilé d'où elles sont tirées, $0^m,040$ de largeur et $0^m,250$ de longueur. Elles seront prélevées sur produits à l'état de livraison et, autant que possible, dans les chutes de cisaillage, dans le sens perpendiculaire au laminage pour les tôles de largeur égale ou supérieure à 300^{mm}, dans le sens du laminage pour les tôles de moins de 300^{mm} de largeur et les profilés.

Dans le cas où les dimensions des profilés ne permettront pas de découper des barrettes de 0^m,040 de largeur, on prendra la plus grande largeur possible.

Les éprouvettes découpées par cisaillage ou poinçonnage seront affranchies d'une quantité égale au moins à la moitié de l'épaisseur sur chaque bord; leurs arêtes seront adoucies à la lime.

Pour les aciers en barres et pièces en acier de 0^m,020 d'épaisseur ou de diamètre et au-dessous, les essais de pliage auront lieu dans les mêmes conditions que pour les profilés. Pour les aciers de plus de 0^m,020 d'épaisseur ou de diamètre, on étirera le bout de la barre pour la ramener à l'épaisseur ou au diamètre de 0^m,020 et on opérera comme dans le cas précédent.

Les barrettes destinées aux essais de pliage seront chauffées au rouge-cerise un peu sombre (850°$\pm$ 25°) et plongées dans de l'eau à 28° s'il s'agit d'acier extra-doux pour chaudières.

S'il s'agit d'aciers ordinaires des deux premières classes, livrés recuits, les barrettes destinées aux essais de pliage ne seront l'objet d'aucun traitement.

S'il s'agit d'aciers ordinaires de ces deux mêmes classes, livrés non recuits (art. 2, avant-dernier alinéa), les barrettes seront recuites à la température du rouge cerise (900°$\pm$25°).

Pour les aciers des 3e et 4e classes, les barrettes trempées comme il a été dit pour les aciers extra-doux pour chaudières, seront recuites au rouge sombre avancé (675°$\pm$25°) et refroidies lentement dans les cendres ou à l'air libre, au gré du fournisseur.

Pour les aciers extra-doux en barres destinés à la fabrication des boulons, il est fait des essais de pliage sur taraudage. Les barrettes ont le diamètre des barres d'où elles sont tirées et 0^m,250 de longueur. Elles sont trempées au rouge-cerise (900°$\pm$25°) dans l'eau chaude (au moins 68°), puis taraudées à un bout à un pas égal à environ 1/10e de leur diamètre.

§ 2. — *Appareils à employer pour les essais.*

L'essai de pliage sera exécuté au moyen d'un dispositif mécanique, sous l'action lente et progressive d'un effort de pression, et non de choc.

On emploiera autant que possible le mode opératoire suivant, qui exécute le pliage en deux temps :

1° *Formation du pli.* — La barrette est posée sur une empreinte dont les faces obliques forment entre elles un angle de 60° et dont l'ouverture est d'au moins 125^{mm}.

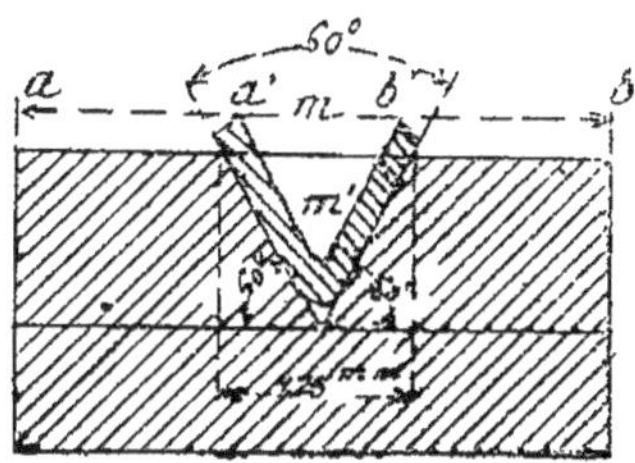

On applique sur le milieu de l'éprouvette un coin à faces également obliques et arrondi à un rayon au moins égal à celui que doit avoir le pli, une fois l'éprouvette terminée.

Ce coin est descendu jusqu'à ce que la barrette ait pris la forme *a'm'b'*.

2° *Achèvement du pliage.* — Le pliage est achevé mécaniquement et lentement avec ou sans interposition de cales.

A défaut de ce dispositif, si l'on ne peut utiliser qu'un étau pour faire l'essai, on y fixera la barrette au tiers de sa longueur, on prolongera son extrémité libre par une barre d'acier rigide qui lui sera solidement reliée et on se servira de cette barre comme d'un levier pour plier l'éprouvette à bras et sans à-coup.

Le pliage au marteau (choc) ne doit être toléré que pour les métaux difficiles à écrouir et pour les petites pièces. Dans ce cas, il conviendra de faire entrer en ligne de compte l'habileté de l'opérateur.

§ 3. — Nombre et interprétation des essais.

L'essai de pliage précède l'essai à la traction.

Il n'est fait que sur les barres, tôles, profilés, etc., des quatre premières classes.

La barrette soumise à l'essai devra prendre, sans présenter aucune trace de rupture, une courbure permanente dont le rayon, mesuré intérieurement, est indiqué ci-après (art. 9), ainsi que l'angle que doivent faire entre elles après le pliage les deux extrémités de la barrette.

Barres et profilés.

1° Pour les barres et profilés de fabrication courante de ces quatre classes, il sera fait autant d'essais de pliage que d'essais au choc.

Si la barrette essayée donne de bons résultats, le lot est accepté.

Toute barrette n'ayant pas satisfait à l'essai de pliage entraîne le rebut du lot correspondant, à moins que deux contre-essais prélevés sur deux autres barres ou profilés faisant partie de ce lot ne donnent tous deux de bons résultats.

La barre dans laquelle a été prélevée la barrette primitive, ayant donné de mauvais résultats, est en tout cas rebutée.

2° Pour les autres barres ou profilés, le nombre et l'interprétation des essais de pliage seront les mêmes que pour les barres ou profilés de fabrication courante, à moins qu'il ne soit reconnu nécessaire par le contrôle de faire des essais individuels sur toutes les barres ou tous les profilés non découpés, par exemple dans le cas où les essais faits par l'usine en cours de fabrication (art. 2), l'aspect des barres après laminage, l'examen de leur cassure, etc., feraient naître des doutes sur l'homogénéité du métal.

Lorsqu'il sera procédé à des essais individuels sur toutes les barres ou sur tous les profilés non découpés, toute pièce n'ayant pas satisfait à l'essai de pliage sera rebutée, à moins que deux contre-essais, faits sur cette même pièce, ne donnent de bons résultats.

Si la proportion des rebuts individuels atteint le dixième du nombre des essais, le lot entier sera rebuté.

Tôles.

L'essai de pliage est fait sur toutes les feuilles de tôle non découpées et les résultats à exiger des essais sont ceux fixés dans les deux alinéas qui précèdent. Toutefois, pour une fabrication régulière, les agents réceptionnaires pourront diminuer le nombre des essais, excepté cependant pour les tôles destinées à la confection des chaudières.

L'essai de pliage sur taraudage est exécuté sur quatre barres par lot comprenant au maximum soixante barres provenant de la même coulée.

La barrette soumise à l'essai sera repliée sur la partie braud'e pour former une boucle dont le diamètre soit égal à celui de la barre. Cette opération doit se faire sans cassure ni gerçure.

Un essai passable entraîne le rebut de la barre, à moins que deux contre-essais pris dans la même barre ne donnent de bons résultats.

Si l'épreuve amène un rebut, il sera fait des essais sur quatre autres barres, et si deux des huit barres essayées sont rebutées, le lot entier sera rebuté.

Article 8.

Exécution des épreuves spéciales.

Pour les épreuves d'écrasement à chaud, les éprouvettes consistent en des tronçons de barres découpés à froid ou à chaud et dont la hauteur est égale à deux fois le diamètre ou l'épaisseur de la barre.

L'essai d'écrasement est exécuté à la température du rouge-cerise clair (vers 950°) à la presse ou au marteau. On n'y soumet que les aciers extra-doux destinés à la fabrication des boulons et des rivets.

L'essai d'écrasement à chaud est exécuté sur quatre barres par lot comprenant au maximum soixante barres provenant d'une même coulée.

L'éprouvette soumise à l'essai sera écrasée de manière à former une galette dont l'épaisseur soit $1/6^e$ de la hauteur de l'éprouvette.

Il ne devra se former aucune crique sur les bords de la galette.

Si l'essai ne réussit pas, la barre d'où provient l'éprouvette est rebutée, à moins que deux contre-essais pris dans la même barre ne donnent de bons résultats.

Si l'épreuve amène un rebut, il sera fait des essais sur quatre autres barres, et, si deux des huit barres essayées sont rebutées, le lot entier est rebuté.

ARTICLE 9. — *Tableau récapitulatif des épreuves à faire subir aux aciers et des caractéristiques définissant les diverses classes.*

CLASSES.	NATURE des ACIERS.	ESSAIS À LA TRACTION. — BARRETTES NON TREMPÉES. — Aciers en barres, pièces en acier, tôles et profilés de plus de 15 m/m d'épaisseur. Résistance à la rupture par millimètre carré	Allongement moyen p. 100.	Minimum de l'allongement dans les épreuves individuelles.	Tôles, profilés et tubes de 15 m/m d'épaisseur et au dessous. Résistance à la rupture par millimètre carré.	Allongement moyen p. 100.	Minimum de l'allongement dans les épreuves individuelles.	BARRETTES TREMPÉES. — Aciers en barres, pièces en acier, tôles et profilés de plus de 15 m/m d'épaisseur. Résistance à la rupture par millimètre carré.	Allongement moyen p. 100.	Minimum de l'allongement dans les épreuves individuelles.	Tôles, profilés et tubes de 15 m/m d'épaisseur et au-dessous. Résistance à la rupture par millimètre carré.	Allongement moyen p. 100.	Minimum de l'allongement dans les épreuves individuelles.	ESSAIS DE PLIAGE.	ESSAIS AU CHOC.	EMPLOIS PRINCIPAUX.
1	2	3	4	5	6	7	8	9	10	11	12	13	14	15	16	17
	Aciers extra-doux : Ordinaires	34 à 42 kil.	29	27	35 à 45 kil.	24	21	48 kil. au maximum.	»	»	50 kil. au maximum.	»	»	A bloc.	Les barreaux trempés doivent supporter sans se rompre 15 coups de mouton (10 coups pour les barreaux soudés d'acier extra-doux soudable).	Pièces de forge, emboutis, chaudières, boulons, rivets, éclisses, bandages de roues, métal soudable et ne trempant que très légèrement. — L'acier extra-doux peut remplacer le fer au bois et le fer puddlé dans presque toutes leurs applications.
	Pour chaudières ...	34 à 40 kil.	»	30	34 à 40 kil.	»	26	47 kil. au maximum.	»	»	47 kil. au maximum.	»	»			
2e	Aciers doux	40 à 48 kil.	23	23	42 à 50 kil.	21	18	50 à 60 kil.	»	»	48 à 65 kil.	»	»	A bloc pour 8 m/m d'épaisseur et au-dessous. — Rayon égal à l'épaisseur pour plus de 8 m/m d'épaisseur, les extrémités de la barrette étant parallèles.	Les barreaux trempés doivent supporter sans se rompre 15 coups de mouton (8 coups pour les barreaux soudés d'acier doux soudable).	Pièces de forge, bandages de roues; profilés et tôles pour les constructions de l'artillerie, flasques, entretoises, etc.
3e	Aciers demi-doux	40 à 55 kil.	22	20	48 à 58 kil.	19	16	60 à 80 kil.	12	10	60 à 80 kil.	10	8	Rayon intérieur égal à une fois et demie l'épaisseur. — Angle de pliage : 60°.	Les barreaux trempés doivent pouvoir supporter sans se rompre 15 coups de mouton.	Vis de pointage, tiges de piston pour marteau-pilon, pièces de forge exigeant une grande résistance, petits rails, traverses, etc.
4e	Aciers demi-durs...	55 à 65 kil.	18	16	58 à 68 kil.	15	12	80 à 105 kil.	8	6	80 à 105 kil.	6	4	Rayon intérieur égal à deux fois l'épaisseur. — Angle de pliage : 90°.	Les barreaux trempés doivent pouvoir supporter sans se rompre 15 coups de mouton.	Acier nuance canon; pièces exigeant une grande dureté et une grande résistance, tiges de piston, arbres de transmission, etc.; ressorts doux; essieux des équipages militaires.
5e	Aciers durs........	65 à 75 kil.	13	10	65 à 75 kil.	9	7	105 à 130 kil.	5	4	105 à 130 kil.	3	2	»	Les barreaux non trempés doivent supporter sans se rompre 15 coups de mouton.	Pièces exigeant une très grande dureté, glissières, etc., ressorts, marteaux.
6e	Aciers extra-durs..	Plus de 75 kil.	6	4	Plus de 75 kil.	»	»	Plus de 115 kil.	»	»	»	»	»	»	»	Métal d'une très grande dureté; matrices, mandrins, outils de forgeron, chasses bouterolles, etc.

Article 10.

Contre-essais.

Les contre-essais ne doivent être autorisés que dans le cas d'une fabrication courante généralement bonne.

Si les essais donnent fréquemment des résultats insuffisants, il n'est plus fait de contre-essais.

Article 11.

Essais faits par les établissements destinataires.

Lorsque les établissements destinataires croiront devoir procéder à des essais sur des aciers qui leur auront été livrés après réception dans les usines du fournisseur, suivant les conditions du présent cahier des charges, ces essais devront être exécutés suivant les règles fixées ci-dessus pour la forme et la préparation des barreaux d'épreuve.

En vue des essais que les établissements destinataires pourront être conduits à effectuer sur les métaux qui leur seront fournis après réception dans les usines du fournisseur, leurs machines de traction devront, lorsqu'il y aura lieu, être tarées par comparaison avec celle de la section technique de l'artillerie, dans les mêmes conditions que les machines des usines.

Article 12.

Tolérances sur les dimensions.

A moins de stipulations contraires du cahier des charges spéciales, la tolérance sur la longueur sera de 0 en moins et 1/50 en plus, sans toutefois dépasser $0^m,075$ pour les aciers en barres et les profilés, et de $\pm 0^m,010$ pour les tôles.

Les barres de longueur indéterminée auront des longueurs comprises entre $2^m,50$ et 5 mètres, sauf pour les gros échantillons et les martelés, pour lesquels les longueurs seront calculées de manière à éviter les manipulations pénibles et dangereuses d'emmagasinement.

En ce qui concerne les tôles, pour lesquelles aucune longueur n'est spécifiée, cette longueur devra être égale ou supérieure à 2 mètres.

Les tolérances sur les autres dimensions seront les suivantes, à moins de stipulations contraires du cahier des charges spéciales (1) :

1° ACIERS EN BARRES, PLATS (2).

Sur la largeur.....
$\begin{cases} \pm\ 0^{mm},5 \text{ pour les plats de moins de } 60^{mm} \text{ de largeur.} \\ \pm\ 1^{mm} \text{ pour les plats de } 60^{mm} \text{ à } 100^{mm} \text{ exclus de largeur.} \\ \pm\ 2^{mm} \text{ pour les plats de } 100^{mm} \text{ de largeur et au-dessus.} \end{cases}$

Sur l'épaisseur.....
$\begin{cases} \pm\ 0^{mm},5 \text{ pour les plats de moins de } 25^{mm} \text{ d'épaisseur.} \\ \pm\ 1^{mm} \text{ pour les plats de } 25^{mm} \text{ à } 60^{mm} \text{ exclus d'épaisseur.} \\ \pm\ 2^{mm} \text{ pour les plats de } 60^{mm} \text{ d'épaisseur et au-dessus.} \end{cases}$

2° ACIERS EN BARRES, CARRÉS (3).

Sur le côté.........
$\begin{cases} \pm\ 0^{mm},5 \text{ pour les carrés de moins de } 40^{mm}. \\ \pm\ 1^{mm} \text{ pour les carrés de } 40^{mm} \text{ à } 100^{mm} \text{ exclus.} \\ \pm\ 2^{mm} \text{ pour les carrés de } 100^{mm} \text{ et au-dessus.} \end{cases}$

3° ACIERS EN BARRES, RONDS.

Sur le diamètre....
$\begin{cases} +0^{mm},5 - 0 \text{ pour les ronds de moins de } 40^{mm}. \\ +1^{mm} - 0 \text{ pour les ronds de } 40^{mm} \text{ à } 100^{mm} \text{ exclus.} \\ +2^{mm} - 0 \text{ pour les ronds de } 100^{mm} \text{ et au-dessus.} \end{cases}$

4° ACIERS EN BARRES, CHAMPIGNONS, RAILS ET DEMI-RONDS.

Sur toutes les dimensions (la longueur exceptée), $\pm\ 0^{mm},5$.

5° ACIERS EN BARRES, PROFILÉS DIVERS (4).

	Hauteur.	Largeur.	Epaisseur.
Au-dessous de 50^{mm} de hauteur........	$\pm\ 1^{mm}$.	$\pm\ 1^{mm}$.	$\pm\ 0^{mm},5$.
De 50^{mm} à 100^{mm} exclus de hauteur....	$\pm\ 1^{mm},5$	$\pm\ 1^{mm},5$	$\pm\ 1^{mm}$.
Au-dessus de 100^{mm} de hauteur........	$\pm\ 2^{mm}$.	$\pm\ 2^{mm}$.	$\pm\ 1^{mm}$.

(1) Pour les aciers martelés, les tolérances sont triples de celles indiquées ci-dessous.

(2) Les angles des plats pourront être arrondis suivant un rayon de 3^{mm} ou abattus suivant un chanfrein de 3^{mm}. Les plats pourront être à cans arrondis; la flèche de l'arrondi ne devra pas dépasser 3^{mm}; la largeur sera mesurée dans la partie la plus bombée.

(3) Les angles des carrés pourront être arrondis suivant un rayon de 3^{mm} ou abattus suivant un chanfrein de 3^{mm}.

(4) En outre, les ailes devront être bien d'équerre entre elles, et les bouts coupés d'équerre avec l'axe de la barre qui devra être bien dressée. Les tolérances admises seront les suivantes :

1° Défaut d'équerrage des ailes : $\pm\ 1^{mm}$ de l'arête à l'extrémité (a);

2° Défaut d'équerrage des bouts : 5^{mm} 

3° Défaut de dressage des barres : 5^{mm} sur toutes les longueurs,

(a) 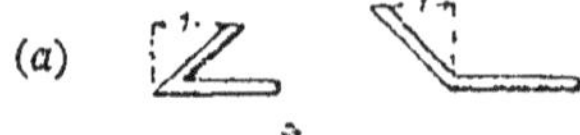

6° TÔLES D'ACIER.

Sur la largeur.... .... ± 10^{mm}
Sur la longueur. . . .. ± 10^{mm}

Sur l'épaisseur.... {

Tôles de moins de 1^{mm},5................... ± 0^{mm},1
Tôles de 1^{mm},5 à 4^{mm} exclusivement....... ± 0^{mm},2
Tôles de 4^{mm} à 8^{mm} exclusivement......... ± 0^{mm},3
Tôles de 8^{mm} à 10^{mm} exclusivement........ ± 0^{mm},4
Tôles de 10^{mm} à 20^{mm} exclusivement....... ± 0^{mm},5
Tôles de 20^{mm} à 30^{mm} exclusivement....... ± 0^{mm},75
Tôles de 30^{mm} et au-dessus............... ± 1^{mm}

Les tolérances sur l'épaisseur des tôles, indiquées ci-dessus, sont celles imposées pour les tôles de largeur inférieure à 1^m,50. Il convient de les augmenter de 0^{mm},2 pour les tôles de largeur comprise entre 1^m,50 et 2 mètres, et de 0^{mm},4 pour les tôles de largeur supérieure à 2 mètres.

Article 13.

État des surfaces.

Tous les aciers en barres, tôles, profilés, feuillards, doivent avoir une surface parfaitement saine et unie.

Ils doivent être exempts de fentes, pailles, criques, gerçures, doublures, stries, ou manque de matière et tous autres défauts préjudiciables. Leurs extrémités sont affranchies carrément et sans bavure.

Article 14.

Emballage.

Les tôles d'une épaisseur inférieure à 0^m,003 sont encaissées ou mises en châssis aux frais et par les soins du fournisseur.

Les tôles de 0^m,003 d'épaisseur et au-dessus sont livrées en vrac.

Article 15.

Marques à apposer sur les aciers.

Les barres, profilés et feuillards sont poinçonnés, après réception, à 10 centimètres environ de l'une de leurs extrémités, les tôles à l'un des angles.

Ils reçoivent les marques suivantes :

1° Marque du fournisseur;

2° Nom et initiale de l'usine;

3° Numéro de la classe à laquelle appartient l'acier;

4° Marque spéciale de l'acier (s'il y a lieu);

5° Millésime de la fabrication;

6° Poinçon du contrôleur (1).

Ces diverses marques sont apposées sur deux lignes dans l'ordre ci-après :

$$\text{Schneider et C}^{\text{o}} - \text{Creusot} - 4 - \left\{ \begin{array}{c} \text{Marque spéciale} \\ \text{s'il y a lieu.} \end{array} \right\} - 04$$
$$\text{E. C}$$

Les tôles d'une épaisseur inférieure à $0^{\mathrm{m}},005$ ne sont marquées que du poinçon du contrôleur.

Les barres, profilés, tôles et feuillards rebutés sont marqués du poinçon de rebut R.

TITRE II.

Aciers à outils.

—————

Article 16.

Conditions de fabrication.

En principe, l'emploi des aciers à outils devra toujours être mentionné dans la commande.

Lorsqu'il ne sera pas possible de prévoir exactement l'espèce des outils qui seront fabriqués avec les aciers, il y aura lieu d'indiquer la catégorie de leur emploi (voir ci-après la nomenclature des catégories).

Les aciers à outils sont, d'après la nature et l'emploi des outils, des aciers fondus, soit au four genre Martin-Siemens, soit au four électrique, soit au creuset, ou des aciers corroyés; toute-

---

(1) Comprenant l'initiale de l'arrondissement, en ce qui concerne les agents du service des forges.

.fois, les aciers provenant du four genre Martin-Siemens ou du Tour électrique ne seront employés que si le cahier des charges spéciales l'autorise.

Les aciers corroyés sont fabriqués soit avec de l'acier puddlé, soit avec de l'acier de cémentation.

Il n'est fait sur les aciers à outils ni essais à la traction, ni essais de pliage, ni essais au choc. Ils sont seulement soumis aux épreuves indiquées ci-après.

Les barres doivent avoir une surface parfaitement saine et unie.

Elles doivent être exemptes de fentes, pailles, criques et tous autres défauts préjudiciables. Les barres doivent être d'une épaisseur uniforme. Leurs extrémités seront affranchies carrément et sans bavures.

Avant de soumettre les barres aux épreuves qu'elles doivent subir, on fait, dans chaque barre, une cassure à froid, pour juger de la texture de l'acier.

La cassure doit être homogène et, en outre, pour les aciers corroyés, la soudure des mises doit être parfaite.

Les barres dont la cassure présente un manque d'homogénéité ou, pour les aciers corroyés, des défauts de soudure, sont rebutées d'après l'aspect seul de la cassure.

On trempe ensuite quelques bouts de barres pour se rendre compte de la faculté du métal à prendre la trempe.

La cassure d'une barre trempée doit présenter un grain très fin et très serré.

La trempe et le recuit ayant une grande influence sur le bon usage des outils, ces opérations devront être faites, pour les épreuves, dans les conditions indiquées par le fournisseur pour les diverses nuances des aciers. Ces conditions seront communiquées à l'établissement destinataire.

En ce qui concerne les tolérances et les marques à apposer, on se conforme à ce qui est prescrit au titre Ier du présent cahier des charges pour les aciers forgés ordinaires.

Article 17.

Classification des aciers à outils.

Au point de vue des épreuves qu'ils doivent subir, les aciers fondus sont divisés en quatre catégories principales, suivant leur emploi :

1ʳᵉ catégorie. — Aciers pour outils destinés à travailler des métaux très durs : fonte trempée, fonte blanche, projectiles trempés.

2ᵉ catégorie. — Aciers pour fraises, tarauds, coussinets de filières, outils, profilés.

3ᵉ catégorie. — Outils de tours, de raboteuses, de mortaiseuses, forets, alésoirs, mèches.

4ᵉ catégorie. — Burins, tranches à froid, lames de cisailles, outils de machines à bois, barres à mine, marteaux, chasses à parer, boutcrolles, étampes, matrices, poinçons, mandrins, cali-bres, vérificateurs.

Article 18.

Epreuve à faire subir aux aciers fondus.

Les aciers fondus pour outils seront soumis aux épreuves suivantes :

Faire confectionner des outils se rapprochant le plus possible de ceux auxquels les aciers sont destinés; les tremper et les recuire.

Essayer ces outils : ceux de la 1ʳᵉ catégorie sur de la fonte blanche ou de l'acier dur trempé; ceux des autres catégories sur le métal qui a servi à les fabriquer, ce métal n'étant pas trempé, mais recuit.

Si la commande indique seulement la catégorie de l'acier, sans indiquer l'emploi précis, les outils à confectionner pour les essais seront les suivants :

1ʳᵉ et 3ᵉ catégories : crochets de tour, forets, mèches;

2ᵉ catégorie : tarauds;

4ᵉ catégorie : burins, tranches à froid.

Article 19.

Epreuves à faire subir aux aciers corroyés.

1° ACIERS A TROIS MARQUES.

Fabriquer un ciseau à froid par soudure de l'acier entre deux mises de fer.

Tremper et faire recuire le ciseau et l'essayer sur du bois dur rempli de nœuds.

2° ACIERS A DEUX MARQUES.

Souder une mise d'acier dans un morceau de fer pour en faire une tranche à froid.

Tremper et faire recuire cet outil et l'essayer sur la barre qui a servi à sa confection.

3° ACIERS A UNE MARQUE.

S'assurer que cet acier prend assez bien la trempe pour résister au frottement.

Faire une soudure pour s'assurer qu'il se soude bien à lui-même.

Article 20.

Nombre et interprétation des essais.

Les aciers présentés à la réception sont divisés en lots comprenant de 40 à 60 barres non découpées.

L'examen de la cassure portera sur toutes les barres présentées en recette. Si cet examen fait reconnaître des défauts dans plus d'un cinquième du nombre des barres, le lot sera rebuté. Dans le cas contraire, il sera accepté, à l'exception cependant des barres rebutées pour défauts.

Pour les épreuves exécutées avec des outils, on essayera cinq barres par lot; pour tout lot inférieur à 40 barres, on n'en essayera que trois.

On fabriquera un outil avec chacune des barres choisies pour les épreuves. L'outil ne doit ni se refouler ni s'ébrécher.

Si l'acier de l'outil se refoule ou s'ébrèche, on cherchera si cela ne tient pas à la trempe. A cet effet, on fera subir une nouvelle trempe et un nouveau recuit au même outil et l'on essayera de nouveau. Si l'outil ne résiste pas, la barre d'où il provient sera rebutée.

Si le nombre des rebuts prononcés à la suite de ces épreuves est supérieur à la moitié du nombre des essais, le lot sera rebuté; dans le cas contraire, il sera accepté, à l'exclusion des barres rebutées à la suite des essais.

Les essais de trempe et de soudure des aciers à une marque auront lieu dans les mêmes conditions.

Dans le cas où les aciers proviendront du four Martin-Siemens ou du four électrique, les lots seront constitués comme il a été dit au titre Ier du présent cahier des charges pour les aciers en barres.

Le nombre des essais sera déterminé comme il a été dit au même titre pour les essais à la traction.

L'interprétation des essais sera faite comme il est dit ci-dessus pour les aciers au creuset.

Dans une fabrication très régulière, le nombre des essais pourra être diminué.

TITRE III.

Aciers moulés.

Article 21.

Classification et conditions de fabrication.

Les aciers moulés comprennent deux classes :
    1re classe...... aciers doux;
    2e classe....... aciers durs.

Les pièces en acier moulé devront être résistantes et non cassantes; les surfaces brutes seront bien moulées et ébarbées, sans dartres, gerçures, gouttes froides, reprises, etc.

L'acier pourra provenir de fours à creusets, de fours genre Martin-Siemens, de fours Talbot, de fours électriques ou de convertisseurs acides.

L'acier ne devra pas présenter de soufflures, ni d'amas de soufflures préjudiciables à la netteté des surfaces ou à la résistance de la pièce. La gravité de ces défauts est laissée à l'appréciation des agents réceptionnaires.

Dans les pièces livrées brutes de fonte, les trous devant être alésés viendront de coulée à un diamètre inférieur de 0^m,005 au minimum au diamètre indiqué pour l'alésage, le fournisseur restant libre d'augmenter, suivant le diamètre des trous, la surépaisseur de métal à enlever; il sera également libre de ne pas faire venir de coulée certains trous qu'il y aurait intérêt à percer complètement à l'outil (trous de faible diamètre, trous de boulons d'assemblage).

La désignation de ces trous dans les pièces livrées brutes est laissée à l'appréciation des agents réceptionnaires.

Les pièces de fortes dimensions seront coulées avec des masselottes, dont le poids pourra atteindre le tiers du poids de la pièce.

Toutes les pièces en acier moulé seront recuites avant d'être mises en œuvre ou livrées. Le recuit sera fait à la température du rouge-cerise (900° environ).

Les pièces en acier moulé de la 2e classe pourront être livrées trempées ou non trempées, au choix du fournisseur; en tout cas, elles seront toutes recuites, dans les conditions fixées pour les aciers moulés de 1re classe, après le dernier traitement subi.

Article 22.

Epreuves de traction et épreuves de choc.

Les pièces seront éprouvées au moyen de barreaux découpés autant que possible sur les pièces elles-mêmes.

On renforcera, s'il y a lieu, en des points convenablement choisis, les dimensions des pièces, pour permettre d'y prélever les essais. Les barreaux ne seront prélevés qu'après que les pièces auront subi le traitement imposé (trempé et recuit).

Lorsque, en raison de la forme des pièces, il ne sera pas possible de procéder comme il est indiqué ci-dessus, on pourra prélever les essais dans de petits lingots coulés en sable, en même temps que les pièces à essayer. Dans ce cas, ces lingots recevront un traitement identique à celui des pièces elles-mêmes, et les barreaux n'en seront détachés que lorsque toutes les opérations seront terminées. Les barreaux d'essai ne devront subir aucun travail de forgeage.

Les lingots pèseront au minimum 50 kilogrammes; leurs formes devront se rapprocher, autant que possible, de celles des pièces qu'ils serviront à contrôler. Pour les commandes peu importantes, ce poids pourra être réduit à 10 kilogrammes au minimum.

Il sera fait des essais à la traction et des essais au choc.

Les barreaux d'épreuve auront les mêmes dimensions que ceux qui sont employés pour les essais des aciers en barre (voir titre Ier).

. Pour l'essai au choc, l'appareil employé, la distance et la saillie des couteaux seront les mêmes que pour les épreuves de ces aciers.

Le barreau d'essai à la traction devra donner au minimum les résultats suivants :

1re classe.......... { Résistance à la rupture par millimètre carré. 45 kgr.
{ Allongement pour 100 individuel.............. 15 —

Toutefois, on pourra admettre un déficit de résistance de 5 kilogrammes, pourvu que ce déficit soit compensé par une augmentation d'allongement d'au moins 2 p. 100 par kilogramme de résistance en moins.

2e classe......... { Résistance à la rupture par millimètre carré. 65 kgr.
{ Allongement pour 100 individuel............. 8 —

Toutefois, pour les pièces en acier dur de 2e classe qui ne seront pas trempées, on pourra admettre un déficit de résistance de 5 kilogrammes, pourvu que ce déficit soit compensé par une augmentation d'allongement d'au moins 1 p. 100 par kilogramme de résistance en moins.

Le barreau d'essai au choc devra supporter, sans se rompre, le choc du mouton tombant successivement de hauteurs croissant de 5 en 5 centimètres, depuis 1 mètre jusqu'à 1^m,50 pour la 1re classe, depuis 1 mètre jusqu'à 1^m,75 pour la 2e classe.

Si les barreaux satisfont à ces conditions, l'essai sera continué, à titre de renseignement, comme il est prescrit au titre Ier pour les essais au choc.

Article 23.

Nombre et interprétation des essais.

Il sera essayé par coulée trois barreaux à la traction et trois barreaux au choc

Il ne sera pas tenu compte des barreaux qui, soit au cours de la préparation, soit dans les épreuves, auraient révélé des défauts locaux; ces barreaux seront remplacés.

Toutefois, le nombre de barreaux non sains ne devra pas dépasser la moitié du nombre total des barreaux prélevés; dans le cas contraire, la coulée sera rebutée.

Pour chaque épreuve, deux barreaux au moins devront remplir les conditions imposées, sinon la coulée sera rebutée.

Toutefois, le fournisseur pourra être autorisé à remanier toutes les pièces provenant de la coulée.

Toutes les épreuves seront alors recommencées dans les mêmes conditions, et la coulée sera acceptée si, pour chaque genre d'essai, deux barreaux au moins donnent des résultats satisfaisants; dans le cas contraire, elle sera rebutée.

Dans le cas de la fabrication au creuset, le mot coulée sera interprété comme il a été dit au titre Ier, pour les aciers en barres et les pièces en acier.

Pour les commandes de faible importance, le nombre des essais pourra être diminué.

Article 24.

Conditions dans lesquelles la soudure des criques peut être autorisée.

Les fournisseurs pourront être autorisés à réparer les pièces criquées au retrait ou présentant un manque de métal peu important. La réparation se fera soit par soudure autogène, soit par soudure électrique. Mais cette autorisation est entièrement laissée à la disposition des agents réceptionnaires, qui ne la donneront que s'ils ont pu constater que le fournisseur possède les moyens suffisants pour mener à bien cette opération et si le défaut à réparer n'intéresse pas une des parties dont la défectuosité pourrait compromettre la résistance de la pièce.

Article 25.

Tolérances sur les dimensions.

A moins de stipulations contraires du cahier des charges spéciales, il sera accordé sur chaque dimension une tolérance en plus et en moins égale au centième de cette dimension, sans que cette tolérance puisse descendre au-dessous de 1^{mm},5 en plus ou en moins.

Toutefois, pour les parties destinées à être ajustées, il devra toujours rester au moins $0^m,003$ de métal à enlever. Si l'application de cette règle conduisait à réduire la tolérance en moins fixée à l'alinéa précédent, la tolérance en plus serait augmentée d'autant, de façon que la différence entre les dimensions maxima et minima admises soit toujours égale au cinquantième de la dimension fixée, sans toutefois descendre au-dessous de $0^m,003$.

ANNEXE

Procédés à employer pour le tarage des machines de traction.

Lorsqu'il y aura lieu de procéder au tarage des machines de traction employées pour l'exécution des épreuves dans les conditions prévues au paragraphe 2 de l'article 5, on contrôlera les indications de la machine en procédant, pour un certain nombre de charges échelonnées entre les limites dans lesquelles la machine est généralement utilisée, comme il est indiqué ci-après :

L'usine préparera douze barreaux de traction de mêmes dimensions, ayant au moins $0^m,100$ de longueur entre repères, qui seront prélevés sur un acier aussi homogène que possible. Ces barreaux seront recuits *simultanément* au rouge-cerise.

Après ce traitement, les agents réceptionnaires répartiront en trois lots égaux les barreaux ainsi préparés.

Les quatre barreaux du premier lot seront immédiatement cassés sur la machine de l'usine, et l'on prendra pour résultat la moyenne des deux charges de rupture intermédiaires accusées par l'appareil de mesure, les quatre valeurs obtenues ayant été au préalable rangées par ordre de grandeur croissante ou décroissante.

L'acier choisi pour le prélèvement des barreaux ne sera considéré comme suffisamment homogène que si les deux charges de rupture extrêmes diffèrent entre elles de moins de 4 p. 100 de la valeur maximum obtenue. Si cette condition n'est pas remplie, le tarage sera recommencé avec de nouveaux barreaux d'essai.

L'essai des barreaux devra être exécuté à une vitesse de traction faible.

Un procès-verbal, indiquant les charges de rupture (charges maxima avant rupture) accusées par la machine, sera établi et adressé à la Direction des forges en même temps que les barreaux du deuxième lot. Ce procès-verbal relatera la vitesse de traction employée et fera connaître la loi de variation des efforts en fonction du temps, à partir de la mise en charge de la machine. Il indiquera la limite élastique apparente des éprouvettes, l'allongement total mesuré sur $0^m,100$ et la valeur de la striction.

Les quatre barreaux du deuxième lot seront cassés par les soins de la section technique de l'artillerie.

Ils devront satisfaire, pour que l'essai soit valable, aux conditions d'homogénéité spécifiées pour les barreaux du premier lot.

Si les résultats obtenus ne sont pas comparables, l'industriel pourra soit laisser sa machine en l'état, soit procéder à un nouveau réglage.

Dans le premier cas, les résultats fournis par la machine de l'usine, dans tous les essais ultérieurs, seront corrigés de manière à tenir compte des écarts constatés entre cette machine et celle de la section technique.

On pourra se servir, à cet effet, d'une *courbe de tarage* que l'on tracera en faisant passer une courbe régulière par les points représentatifs des résultats moyens calculés, comme il a été dit plus haut, pour les diverses charges sur lesquelles aura porté le tarage.

Les points correspondants à chacune de ces charges seront déterminés en prenant pour abscisses les valeurs moyennes obtenues à la machine à tarer, et pour ordonnées les valeurs moyennes obtenues à la machine de la section technique de l'artillerie.

Dans le deuxième cas, les quatre barreaux du troisième lot seront utilisés pour vérifier le nouveau réglage de la machine.

On opérera de la même manière lorsqu'il y aura lieu de procéder au tarage des machines de traction des établissements de l'artillerie, sauf que les barreaux qu'ils prépareront en vue de ces tarages seront envoyés directement par eux à la section technique de l'artillerie.

Le Sous-Secrétaire d'Etat
au ministère de la guerre,

Albert Sarraut.

TABLE DES MATIÈRES

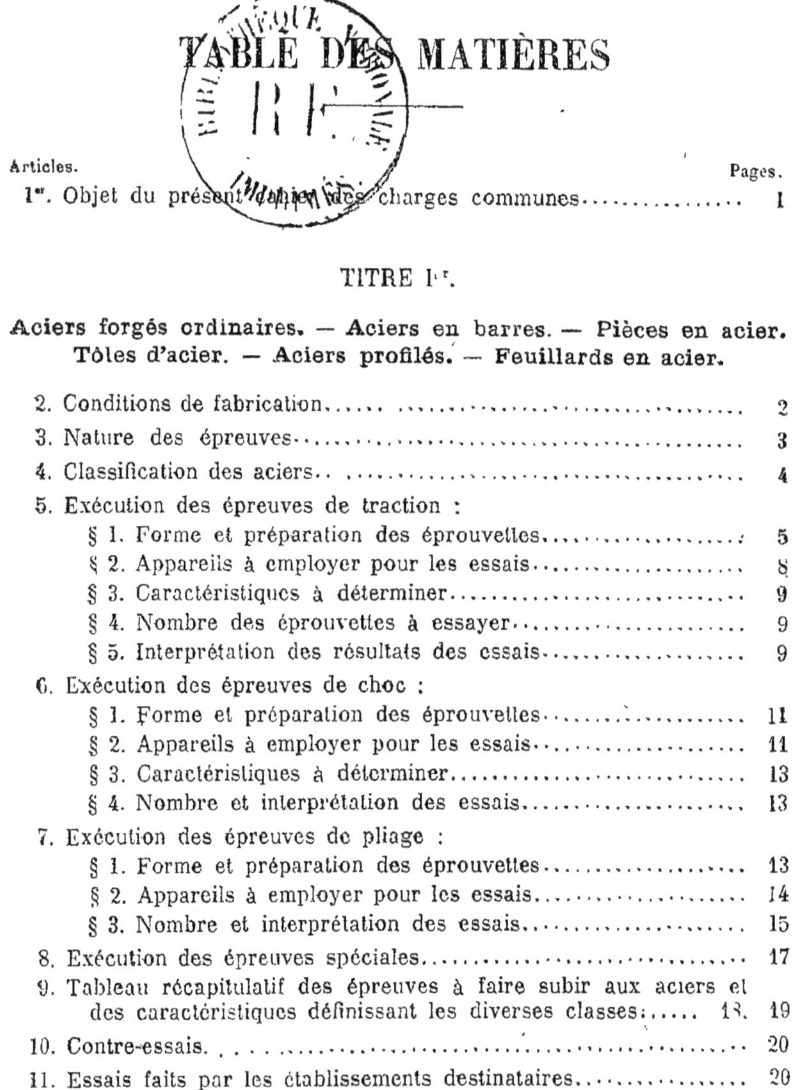

Articles.   Pages.

1er. Objet du présent cahier des charges communes................ I

TITRE Ier.

**Aciers forgés ordinaires. — Aciers en barres. — Pièces en acier.
Tôles d'acier. — Aciers profilés. — Feuillards en acier.**

2. Conditions de fabrication.. 2
3. Nature des épreuves.. 3
4. Classification des aciers... 4
5. Exécution des épreuves de traction :
   § 1. Forme et préparation des éprouvettes.................... 5
   § 2. Appareils à employer pour les essais................... 8
   § 3. Caractéristiques à déterminer.......................... 9
   § 4. Nombre des éprouvettes à essayer....................... 9
   § 5. Interprétation des résultats des essais................ 9
6. Exécution des épreuves de choc :
   § 1. Forme et préparation des éprouvettes................... 11
   § 2. Appareils à employer pour les essais................... 11
   § 3. Caractéristiques à déterminer.......................... 13
   § 4. Nombre et interprétation des essais.................... 13
7. Exécution des épreuves de pliage :
   § 1. Forme et préparation des éprouvettes................... 13
   § 2. Appareils à employer pour les essais................... 14
   § 3. Nombre et interprétation des essais.................... 15
8. Exécution des épreuves spéciales.................................... 17
9. Tableau récapitulatif des épreuves à faire subir aux aciers et
   des caractéristiques définissant les diverses classes;...... 18. 19
10. Contre-essais.. 20
11. Essais faits par les établissements destinataires................. 20
12. Tolérances sur les dimensions..................................... 20
13. Etat des surfaces... 22
14. Emballage... 22
15. Marques à apposer sur les aciers.................................. 22

TITRE II.

Aciers à outils.

Articles.   Pages.
16. Conditions de fabrication... 23
17. Classification des aciers à outils.. 24
18. Epreuves à faire subir aux aciers fondus................................... 25
19. Epreuves à faire subir aux aciers corroyés................................. 25
20. Nombre et interprétation des essais.. 26

TITRE III.

Aciers moulés.

21. Classification et conditions de fabrication................................ 27
22. Epreuves de traction et épreuves de choc................................... 28
23. Nombre et interprétation des essais.. 29
24. Conditions dans lesquelles la soudure des criques peut être auto-
    risée. 30
25. Tolérances sur les dimensions... 30

ANNEXE

Procédés à employer pour le tarage des machines de traction.. 33

Imprimerie militaire
CHARLES-LAVAUZELLE & Cie
PARIS, LIMOGES, NANCY